SILKE BADER

Aus unserer Quelle für Dich

Engelsbilder und Engelsworte

Kartenset mit 44 Engelskarten und himmlischen Botschaften

Wenn dieses Kartenset zu Dir gefunden hat, dann bist Du eingeladen, die Engel in Dein Leben zu lassen.

Engel sind die göttlichen Boten aus einer Welt, in der auch wir mit vielen Anteilen unseres Seelenbewusstseins heimisch sind. Sie begleiten uns liebevoll und versorgen uns auf unserem Weg mit allem, was wir in unserer jeweiligen Lebenssituation gerade benötigen. Es liegt allein an uns, sie in unsere physische Welt mit einzubeziehen und ihre beflügelnde Präsenz durch uns wirksam werden zu lassen. Sie begleiten uns durch unsere Entwicklungen hindurch und erinnern uns liebevoll daran, dass Leichtigkeit und Freude unser Antrieb sein sollten und wir hier sind, um das Leben zu genießen.

Ich freue mich sehr, dass ich die vorliegenden Karten und Texte übermitteln durfte. Sie sprechen von der Lebendigkeit, der Liebe und der Freude der Engel, die uns Menschen so unendlich gut tun. Lade die Engel ganz einfach auf diese spielerische Weise in Dein Leben ein und Du darfst gespannt sein, was sich dadurch alles verändert.

Wie Du die Engelskarten verwenden kannst:

Der Phantasie sind bei der Anwendung keine Grenzen gesetzt, gehe ganz nach Deiner Intuition!

Zur Anregung gebe ich hier kurz einige Beispiele:

Gehe für einige Momente in die Stille und ziehe mit geschlossenen Augen eine Karte für den Tag oder für einen längeren Zeitraum, in dem Du die Botschaft in Dir wirken lässt. Stelle die Karte sichtbar auf oder trage sie bei Dir, um auch die Farbenergien wirksam werden zu lassen.

Betrachte Deine momentane Lebenssituation und stelle dazu eine Frage. Dann ziehe zwei Karten und lass die Engel miteinander in Beziehung treten. Entwickele eine kleine Geschichte aus ihrer Botschaft und schaue, wie sich mit Hilfe ihrer Energien Deine Lebenssituation verändern lässt.

Verschenke einer lieben Freundin/einem lieben Freund einen Engel zum Schutz, vor Prüfungen oder einfach als Ausdruck Eurer Verbundenheit.

Der Kontakt zu Deinem Engel

Die Engel sind zu jeder Sekunde unseres Lebens präsent, sie möchten nur von Dir wahrgenommen werden. Wenn wir uns ihnen öffnen, dann geben wir uns auch einer wunderbaren Führung hin, die durch die Engel wirksam wird.

In der Meditation, wenn unser Freund Verstand beiseite tritt, fällt es oftmals leichter, den Kontakt aufzunehmen. Du kannst auch ein kleines Ritual damit verbinden, indem Du die Engel über Musik, einen Kristall, schöne Düfte oder Bilder und Farben zu Dir rufst. Sie versorgen Dich mit harmonisierenden Energien und verleihen Deinem Bewusstsein neue Anstöße. Manchmal haben sie auch eine Botschaft für Dich, die Du über Deine innere Stimme vernehmen kannst. Achte dabei auf Deine Impulse, Deinen ersten Gedanken zu einer Situation oder Deine Empfindung. Sie sind die wichtigsten Wegweiser, über die unser erweitertes Bewusstsein wirksam wird.

Mit Hilfe der Engel wird es Dir in jedem Augenblick möglich, Dich in eine neue Schwingung zu versetzen – nimm dieses Geschenk freudig an.

Die Farbstrahlen

Das weiße Licht, welches die Einheit symbolisiert, teilt sich in sieben kosmische Farbstrahlen auf, die jeweils eine besondere energetische Wirkung auf Körper, Geist und Seele haben. Jeder Farbstrahl steht in Beziehung zu einem der sieben Chakren unseres Körpers. Das Licht ist somit eine wichtige Energiequelle, um unser feinstoffliches System optimal zu versorgen. Nur wenn unsere Chakren, die Energieräder, rund und harmonisch schwingen, erleben wir Gesundheit und Vitalität.

Bei körperlichen oder seelischen Disharmonien ist es hilfreich, die dem Chakra entsprechende Farbschwingung zu visualisieren.

Scheitelzentrum – Violett – Kraft der Transformation
Drittes Auge – Indigo – Kraft der Intuition
Kehlzentrum – Blau – Kraft der Kommunikation
Herzzentrum – Grün – Kraft der Heilung und Liebe
Solarplexus – Gelb – Kraft des Ausdrucks und der Stärke
Sakralzentrum – Orange – Kraft der Lebensfreude
Wurzelzentrum – Rot – Lebenskraft und Erdung

3. Auflage 2005

Umschlaggestaltung: Silke Bader
Text und Illustration: Silke Bader
Gesamtherstellung: Schneelöwe Verlagsberatung & Verlag, Aitrang
ISBN 3-89385-457-6

Printed in Germany

Der Engel der Herzensliebe

begleitet Dich.
Seine grenzenlose Liebe erfasst Dich ganzheitlich.
Er ermutigt Dich, Deine Herzenstüren
für Dich und andere Menschen zu öffnen
und alle Ereignisse mit den Augen
der Liebe zu betrachten.

Der Engel der Dankbarkeit

begleitet Dich.
Seine Schwingungen erfassen
Dein Herz und Du spürst die Dankbarkeit
für alle Erfahrungen in Deinem Leben.
Denn mit der Weisheit Deines Herzens erkennst Du,
dass Du zu jeder Sekunde Deines Lebens
liebevoll begleitet und geführt bist.

Der Engel der Spontaneität

begleitet Dich.
Er ermutigt Dich, Deinen ersten
Impulsen Vertrauen zu schenken und ganz nach
Deinem Gefühl zu handeln.
Seine Schwingungen verleihen
Dir Flexibilität und mit Freude in Deinem Herzen
nimmst Du alle Geschenke an, die das Leben
Dir in Hülle und Fülle zu bieten hat.

Der Engel der Offenheit

begleitet Dich.
Er ermutigt Dich, Dein Herz zu öffnen
und es sprechen zu lassen.
Mit der Schwingung Deiner Herzenswahrheit
kannst Du Menschen tief berühren und
neue Herzenskontakte knüpfen.

Der Engel der Seelenpartnerschaft

begleitet Dich.
Seine Liebesschwingungen umfangen Dich
und verschmelzen in der Gnade dieses Augenblickes
viele Bewusstseinsebenen.
Du vermagst Dich dem Fluss
der wahren Herzensliebe ganz weit zu öffnen.
Tiefe Heilung und Berührung darf nun geschehen.
Du bist es wert, eine von tiefster Liebe und Verständnis
getragene Partnerschaft zu leben.

N
W
O
S

Der Engel der Ausrichtung

begleitet Dich.
Mit seinen zielgerichteten Energien
ermutigt er Dich, Dir Deine Vision klar vor Augen
zu führen und Dich mit Deinem ganzen Sein darauf
auszurichten. Mit Hilfe des violetten Farbstrahls kannst
Du das Wichtige vom Unwichtigen unterscheiden und
alles transformieren, was Dich noch von der Erfüllung
Deiner Herzensvision trennt. Vertraue auf Deinen
Seelenstern, der Dich mit größter Weisheit führt.

Der Engel der Herzenswünsche

begleitet Dich.
Lass aus der Tiefe Deines Herzens einen
Wunsch aufsteigen und übergib ihn Deinem Engel.
Voll Vertrauen und in der Gewissheit, dass
Herzenswünsche wahr werden,
kannst Du nun ganzheitlich loslassen.
Alles erfüllt sich zur rechten Zeit
in Deinem Leben.

Der Engel der Verkündigung

begleitet Dich.
Seine Schwingungen öffnen die Tore
zur Weisheit Deines Herzens und mit der Strahlkraft
Deiner Persönlichkeit verkündest Du Deine
freudige Herzensbotschaft.
Du bist eine weise Seele, die den Menschen
viel zu geben hat.

Der Engel der Entscheidung

begleitet Dich.
Er umfängt Dich liebevoll in Deinem Menschsein
und hilft Dir, Deine klaren und eindeutigen
Seelenentscheidungen zu treffen.
Denn mit Deinem freien Willen hast Du jederzeit
die Wahl und bist der Schöpfer Deiner Lebensrealität.
Der Engel der Entscheidung
ermutigt Dich,
zu Dir selbst zu stehen und Ja zu sagen,
zu Deinen ureigenen Entwicklungsschritten.

Der Engel der Kreativität

begleitet Dich.
Seine Energien inspirieren und
erwecken Dich zu neuen Ausdrucksformen
Deiner Lichtpersönlichkeit.

Der Engel der Zufriedenheit

begleitet Dich.
Seine Schwingungen erfassen Dein Gemüt und
augenblicklich umfängt Dich tiefer Seelenfrieden.
Aus Deinem Herzen strömt das Gefühl der Zufriedenheit
mit Dir selbst und mit Deinem Leben.
Der Engel ermutigt Dich einmal auf all das zu blicken,
was Du bereits geschafft hast und stolz auf Dich zu sein.
Sei dankbar für all die wunderbaren
Führungen in Deinem Leben.

Der Engel der Geduld

begleitet Dich.
Seine Schwingungen wirken entspannend
auf Dich ein. Du erkennst tief in Deinem Herzen,
dass jede Entwicklung ihre Zeit braucht und sich
die Dinge auch ohne Dein bewusstes Dazutun
zum Besten entfalten.
Denn alles entwickelt sich gemäß eines
höheren göttlichen Planes.

Der Engel der Ausgeglichenheit

begleitet Dich.
Seine Schwingungen wirken
harmonisierend auf Dich ein und mit der Kraft
der Ausgeglichenheit ruhst Du ganz
in Deiner Mitte.

Der Engel der Weisheit

begleitet Dich.
Seine Schwingungen durchlichten
Deine Erfahrungsseele. Mit der Weisheit
Deines Herzens erkennst Du, dass alle Erfahrungen
Deines Lebens einen tiefen Sinn haben und Du
dadurch zu einer wunderbaren Persönlichkeit wächst
und reifst. Dankbarkeit und Frieden erfüllen Dich
über diese Erkenntnis, denn alle Erlebnisse sind Dein
persönlicher und kostbarer Erfahrungsschatz.

Der Engel der Hingabe

begleitet Dich.
Seine Energien hüllen Dich schützend
ein und in seiner Gegenwart darfst Du ganzheitlich
loslassen. Vertrauensvoll öffnest Du Dich dem Fluss
des Lebens und aus der Tiefe Deines Herzens sagst Du
Ja zum Leben. In der Gnade dieses Augenblickes darf
alles geschehen, was geschehen möchte und mit
der Inbrunst Deines Herzens sprichst Du:
Der göttliche Wille in mir geschehe.

Der Engel der Anmut

begleitet Dich.
Seine Schwingungen erfassen Dich
in allen Deinen Energiekörpern und unterstützen Dich
darin, die Anmut und Schönheit Deiner Seele
zum Erstrahlen zu bringen.
Du bist eine einzigartige Persönlichkeit.

Der Engel der Gelassenheit

begleitet Dich.
Seine Schwingungen wirken
entspannend auf Dich ein und aus der Kraft
der Gelassenheit gewinnst Du neue
Perspektiven für Dein Leben.

Der Engel der Erdung

begleitet Dich.
Seine kraftvollen Energien durchströmen Dich
und Du spürst die starke Verwurzelung und Verbindung
mit Mutter Erde, die Dich trägt und nährt. Die heilsamen
Erdenergien stärken Dein gesamtes Engergiekleid und
schenken Dir Standfestigkeit in allen
Deinen Lebenssituationen.
Sende der Natur heute aus Deinem Herzen Deine
Liebe und Dankbarkeit für diese wunderbare Fürsorge.

Der Engel der Lebendigkeit

begleitet Dich.
Seine vitalisierenden Energien
durchströmen Dich und Du fühlst die Lebendigkeit
in Deinem Körper, Deinem Geist und in Deiner Seele.
Beschenke Dich und andere mit dem Ausdruck
Deiner sprudelnden Lebendigkeit.

Dein Sonnenengel

begleitet Dich.
Seine kraftvollen und wärmenden Energien
durchstrahlen Dich ganzheitlich und aktivieren sanft
Deine männlichen und aktiven Anteile. Du spürst,
wie Dich Vitalität und Lebensfreude durchströmen und
sich die Strahlkraft Deines Sonnengeflechts ausdehnt.
Dein Bewusstsein öffnet sich diesem Licht
wie Blumen, die sich der Sonne entgegen strecken.
ICH BIN dankbar für das Geschenk des Lebens.

Der Engel der Freude

begleitet Dich.
Lade ihn mit einem Lachen in Dein Herz ein.
Seine Energien lassen Dich
in Freude schwingen.

Der Engel der Sanftmut

begleitet Dich.
Liebevoll und schützend hüllen Dich
seine Energien ein. Die Energie der Sanftmut
ist der Schlüssel zu Deinen Herzenstüren.
Aus Deinem weit geöffneten Herzen kann
sich die Zartheit und Sanftmut Deiner
Seelenschwingung entfalten und frei verströmen.
Du trägst die unerschöpfliche
Liebesquelle in Dir.

Der Engel des Erfolgs

begleitet Dich.
Seine Schwingungen hüllen Dich
ein und segnen Deine Herzensprojekte.
Alles, was Deiner wahren Herzensmotivation
entspringt, wird von Erfolg gekrönt sein.
Der Engel des Erfolgs ermutigt Dich,
in Deine ureigene Bestimmung einzutauchen und
Deine Lebensaufgabe wahrzunehmen.

Der Engel der Fürsorge

begleitet Dich.
Seine Schwingungen umfangen Dich
und in seinen Armen darfst Du Dich ganzheitlich
versorgen lassen.
Der Engel der Fürsorge spürt genau,
was Du in diesem Moment benötigst und lässt Dir
diese Energien zuströmen. Du darfst genießen
und Dich ganz auffüllen lassen
von reinster Herzensliebe.

Der Engel der Klarheit

begleitet Dich.
Seine kristallklaren Energien durchdringen
Dein Sein und klären Deine Gedanken und Gefühle.
Mit der Klarheit Deines Wesens erkennst Du,
was wirklich gut für Dich ist und gibst Deinen
Bedürfnissen Ausdruck.

Der Engel der Geborgenheit

begleitet Dich.
Er umfängt Dich wie mit einem
schützenden Mantel.
Du darfst Dich ganz in seine Arme legen
und Dich sanft von ihm wiegen lassen.
Alles ist gut, so wie es ist.

Dein Schutzengel

begleitet Dich.
Du erinnerst Dich daran,
dass Du einen persönlichen Schutzengel hast,
der zu jeder Sekunde Deines Lebens über
Dein Wohlergehen wacht.
In seinen Energien bist Du geschützt
und geborgen.

Der Engel der Fülle

begleitet Dich.
Seine Energien versorgen Dich auf allen Ebenen
Deines Seins und füllen Deinen inneren
Liebeskelch ganz auf.
Dein Bewusstsein der Fülle
öffnet Deine Wahrnehmung für alles
Schöne in Deinem Leben.

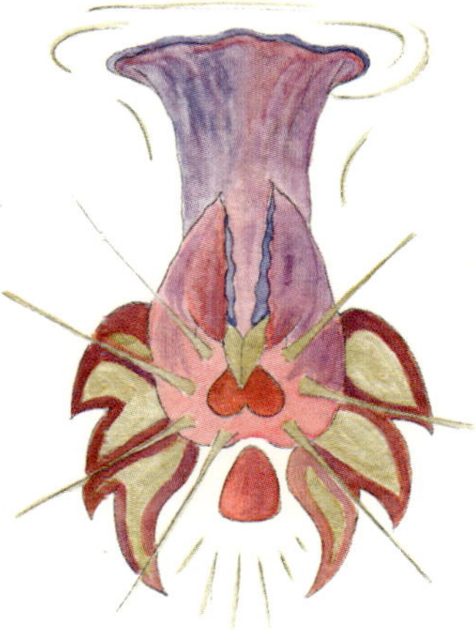

Der Engel der Vergebung

begleitet Dich.
Er ermutigt Dich, Dein Herzenergiezentrum
weit zu öffnen, damit seine Schwingungen
der Vergebung Heilung bringen können.
Aus Deinem Herzen verzeihst Du Dir
und anderen und spürst den tiefen Frieden,
der in Dein Leben tritt.

Der Engel des Friedens

sendet heute seine Energien in Dein Herz.
Du spürst, wie die blaue Friedensenergie Dich
ganzheitlich beruhigt und anfüllt.
So wirst Du zum Friedensboten für alle Menschen,
mit denen Du in Berührung kommst.

Der Engel der Verbindung

begleitet Dich.
In der Verbindung Eurer Energien
geschieht Heilung und Transformation.
Herzensschwingungen beginnen, frei zu fließen,
zum Segen für alles Seiende.

Der Engel der Freundschaft

begleitet Dich.
Seine Schwingungen öffnen
Dein Herz und Du fühlst Dich tief verbunden mit allen
Lebewesen und allem Seienden.
Die Dankbarkeit für diese ewige Verbindung
erfüllt Dein Herz.

Dein Mondengel

begleitet Dich.
Seine sanften silbrigen Energien umhüllen Dich
und stärken Deine weiblichen Anteile.
Du darfst entspannen und empfangen.
Dein Mondengel berührt Dich tief im Ozean
Deiner Seele und lädt Dich ein, auf den Grund
Deines Herzens zu tauchen.
Alle alten Verletzungen heilen in seinem
sanften Liebeslicht. Empfange dankbar das Geschenk
der neuen Öffnung zu Deiner reichen Gefühlswelt.

Der Engel der Leichtigkeit

begleitet Dich.
Seine Schwingung erfasst
Dein ganzes Sein und beflügelt Dich
zu neuen Gedanken und Taten.
Lass Dich von der Energie der Leichtigkeit
in die wahre Natur Deiner Seele
emporheben.

Der Engel der Reinheit

begleitet Dich.
Seine klärenden Energien
durchdringen Dein ganzes Sein und
spülen alle alten Energien fort, die nicht mehr
Deiner neuen Schwingung entsprechen.
Alle Seelenbewusstsein sind dankbar für
diese Erneuerung und beginnen, von Tag zu Tag
heller und klarer zu erstrahlen.

Der Engel des Mutes

begleitet Dich.
Er ermutigt Dich, das Feuer
Deiner Herzensentschlossenheit zu entfachen.
Voller Vorfreude wagst Du den Sprung in eine neue
Erfahrung Deines Lebens.
Folge ganz einfach dem Ruf Deines Herzens –
Du kannst nur gewinnen.

Der Engel der Einheit

begleitet Dich.
Seine kraftvollen Energien
verbinden Himmel und Erde und lösen im Licht
der Einheit alle Gegensätze auf.
In der Gnade dieses Augenblickes geschieht
Verschmelzung und Verbindung.
Tauche ein in Deine ewige Quelle – Dein ICH BIN –
und manifestiere den Strahl der Einheit
in Deinem Herzen.

Der Engel des Trostes

begleitet Dich.
Liebevoll schließt er Dich in seine Arme.
Seine Energien des Trostes legen sich schützend
um alle Deine Bewusstsein,
die jetzt der Heilung bedürfen.
Alles ist gut.

Der Engel der Zuversicht

begleitet Dich.
Seine kraftvollen Energien
durchstrahlen Dein ganzes Sein und aktivieren sanft
Dein Sonnengeflecht. Dein Gemüt wird durchflutet
von goldgelber Energie und Du spürst
die Erhellung ganzheitlich in Deinem Wesen.
Der Engel der Zuversicht ermutigt Dich, voller Elan
und Freude an Deine Ziele heranzugehen und ganz
einfach aus Deiner inneren Kraftquelle,
Deinem ICH BIN, zu schöpfen.

Der Engel der Wandlung

begleitet Dich.
Seine Energien durchströmen Dich
ganzheitlich und augenblicklich geschieht
Wandlung auf allen Ebenen Deines Seins.
Alles, was nicht mehr Deiner neuen Schwingung
entspricht, wird nun umgewandelt.

Der Engel der Heilung

begleitet Dich.
Er umfängt Dich sanft mit seinen
moosgrünen Schwingungen der Heilung und
Du beginnst zu spüren,
wie alle deine Energieströme
harmonisiert werden.

Der Engel der Vision

begleitet Dich.
Er lädt Dich ein, in die Stille Deines
Herzens einzutauchen und Deiner wunderbarsten
Vision eines erfüllten Lebens nachzuspüren.
Mit Hilfe des violetten Farbstrahls sprengst Du die
Grenzen Deines Verstandes und genießt die Freiheit
und Weite Deiner Vorstellungskraft.
Verbunden mit der Kraft Deiner Herzensmotivation
kann Dir alles gelingen.

Der Engel des Vertrauens

begleitet Dich.
Seine kraftvollen Energien unterstützen
Dich darin, Selbstvertrauen zu fassen, um mit der
Gewissheit Deines Herzens den nächsten Schritt auf
Deinem Lebensplan zu tun.
Dein Vertrauen in Dein eigenes göttliches Potenzial
wächst von Tag zu Tag.

Der Engel der Achtsamkeit

begleitet Dich.
Liebevoll lehrt er Dich, achtsam auf
Deine Gedanken und Gefühle zu sein. Denn mit
Deinen Gedanken erschaffst Du Dir zu jeder
Sekunde Deine Lebensrealität.
Jeder liebevolle Gedanke ist Balsam
für Deine Seele und läßt wunderbare Gefühle
und auch Taten erblühen.